LOS LUGARES MÁS FRÍOS DE LA TIERRA

POR MARY GRIFFIN

Gareth Stevens
PUBLISHING

Please visit our website, www.garethstevens.com. For a free color catalog of all our high-quality books, call toll free 1-800-542-2595 or fax 1-877-542-2596.

Library of Congress Cataloging-in-Publication Data

Griffin, Mary, 1978- author.
  Los lugares más fríos de la Tierra / Mary Griffin, translated by Esther Sarfatti.
      pages cm. — (Lugares extremos de la Tierra)
  Includes bibliographical references and index.
  ISBN 978-1-4824-2426-3 (pbk.)
  ISBN 978-1-4824-2427-0 (6 pack)
  ISBN 978-1-4824-1913-9 (library binding)
  1. Cold regions—Juvenile literature. 2. Extreme environments—Juvenile literature. 3. Climatology—Juvenile literature. 4. Polar regions—Juvenile literature. I. Title.
  GB641.G78 2015
  551.6—dc23
                                              2014020525

First Edition

Published in 2015 by
Gareth Stevens Publishing
111 East 14th Street, Suite 349
New York, NY 10003

Copyright © 2015 Gareth Stevens Publishing

Designer: Katelyn E. Reynolds
Editor: Therese Shea

Photo credits: Cover, p. 1 Nataiki/Shutterstock.com; cover, pp. 1–24 (background texture) Serg Zastavkin/Shutterstock.com; p. 5 Volodymyr Goinyk/Shutterstock.com; p. 7 (Earth) NASA/GSFC/NOAA/USGS/Wikipedia.com; p. 7 (space background) Igor Kovalchuk/Shutterstock.com; p. 9 (photo) NOAA/Wikipedia.com; p. 9 (map) NASA/Wikipedia.com; p. 11 Gaelen Marsden/Wikipedia.com; p. 13 (map) Kennonv/Wikipedia.com; p. 13 (photo) Alexandra Kobalenko/All Canada Photos/Getty Images; p. 15 (map) AridOcean/Shutterstock.com; p. 15 (photo) George F. Mobley/National Geographic/Getty Images; p. 17 (map) Godruma/Shutterstock.com; p. 17 (photo) Amos Chapple/Lonely Planet Images/Getty Images; p. 19 Melissa McManus/The Image Bank/Getty Images; p. 21 Per Breiehagen/Time & Life Pictures/Getty Images.

Printed in the United States of America

CPSIA compliance information: Batch #CW15GS: For further information contact Gareth Stevens, New York, New York at 1-800-542-2595.

CONTENIDO

¡Abrígate bien!. 4

¿Por qué tanto frío?. 6

Temperaturas extremas. 8

La ciencia del frío. 10

MARS. 12

La ciudad más fría de Estados Unidos. 14

Una ciudad congelada. 16

El gélido Denali. 18

La Nevera de la Nación. 20

Glosario. 22

Para más información. 23

Índice. 24

Las palabras del glosario aparecen en **negrita** la primera vez que se usan en el texto.

¡ABRÍGATE BIEN!

¿Te gusta el frío? ¿Te gusta abrigarte bien para ir a montar en trineo, esquiar o patinar sobre hielo? En muchas partes del mundo hace frío suficiente como para que se congelen los estanques y los lagos. Además, en algunos lugares cae bastante nieve. Para los que disfrutan de los deportes de invierno, esto puede ser muy divertido.

Sin embargo, hay lugares que son tan fríos que apenas pueden **sobrevivir** los seres vivos, ¡incluso las personas! Vamos de viaje a algunos de los lugares más interesantes e increíblemente fríos de la Tierra.

¡VERDADERAMENTE EXTREMO!

Las temperaturas más frías de la Tierra ocurren a unas 60 millas (97 km) por encima de la superficie. Allí las temperaturas pueden bajar hasta los -146°F (-99°C).

Aunque en la Antártida siempre hace mucho frío, hay gente que la visita para ver la belleza de sus paisajes.

¿POR QUÉ TANTO FRÍO?

¿Te has preguntado alguna vez por qué en algunos lugares hace calor mientras que en otros hace frío? La línea imaginaria que da la vuelta al medio de la Tierra se llama el ecuador. El sol apunta directamente a los lugares que están en el ecuador, por lo que los rayos del sol son muy calientes en esos sitios. Los lugares que se encuentran más lejos del ecuador a menudo son más frescos porque los rayos del sol caen en un ángulo.

Las corrientes de los océanos también influyen en las temperaturas. Algunas corrientes llevan agua cálida a ciertos lugares. Es por eso que el clima en esos lugares puede ser más caluroso que en otros que están a la misma distancia del ecuador.

¡VERDADERAMENTE EXTREMO!

El hielo y la nieve en los polos hacen que algunos rayos del sol reboten hacia el espacio. Esa es otra razón por la cual esos lugares no llegan a calentarse.

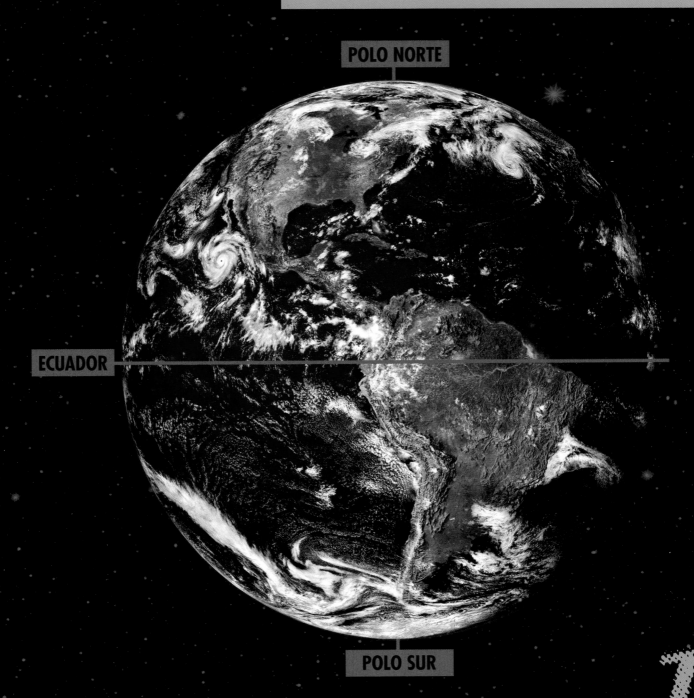

El ecuador está a la misma distancia del Polo Norte que del Polo Sur.

POLO NORTE

ECUADOR

POLO SUR

7

TEMPERATURAS EXTREMAS

Seguramente no te sorprenderá saber que la Antártida se considera el lugar más frío de la Tierra. En diciembre de 2013 los científicos anunciaron que **registraron** una temperatura récord de -135.8°F (-93.2°C) en el este de la Antártida. Sin embargo, esa temperatura en realidad se registró el 10 de agosto de 2010. En lugar de medir las temperaturas ellos mismos, los científicos utilizaron **datos** recogidos por varios **satélites** a lo largo de un tiempo para descubrirlo.

Antes de este récord, la temperatura más baja de la Tierra se había registrado en otro lugar de la Antártida, en la estación de Vostok, un centro de **investigación** que llegó a registrar una temperatura de -128.6°F (-89.2°C).

Los días más fríos en la Antártida son los días soleados. Eso es porque las nubes atrapan el calor cerca de la superficie de la Tierra.

Estación de Vostok

9

LA CIENCIA DEL FRÍO

Las temperaturas en la Antártida siempre son muy frías, bastante por debajo de cero. Sin embargo, algunas personas viven allá, principalmente para hacer investigaciones científicas. La Antártida tiene más de 40 estaciones de investigación. Muchas de ellas están en edificios especiales que se elevan por arriba de la nieve y el hielo.

Cuando los científicos salen para hacer su trabajo, se visten con varias capas de ropa especial. La **hipotermia** y el **congelamiento** son motivos de gran preocupación. A veces los científicos incluso tienen que guardar sus herramientas en estuches especiales para que no se congelen.

¡VERDADERAMENTE EXTREMO!

Ya que está todo congelado, las estaciones de investigación deben contar con sistemas especiales que descongelan la nieve para el suministro de agua.

Aunque viven unas 1,000 personas en la Estación McMurdo en la Antártida, solamente unas 250 pasan el invierno allí. La estación está dirigida por Estados Unidos.

MARS

También hay estaciones de investigación en el Ártico, aunque las temperaturas no son tan bajas como en la Antártida. La Estación de Investigación del Ártico McGill (cuyas siglas en inglés son MARS) se fundó en 1960, en la Isla Axel Heiberg en el Ártico canadiense. La temperatura **promedio** anual en la Isla Axel Heiberg es de 5°F (-15°C).

Hasta 12 personas pueden quedarse en MARS para estudiar los glaciares, el desierto polar y qué tipo de vida puede sobrevivir en estos lugares tan severos. Los científicos que trabajan allí también investigan el **cambio climático** y su efecto sobre el Ártico y el resto del mundo.

¡VERDADERAMENTE EXTREMO!

Los científicos han encontrado seres vivos en los glaciares, lo cual significa que es posible que exista vida en los planetas congelados.

Este enorme glaciar fluye progresivamente sobre la Isla Axel Heiberg. El cambio climático hace que los glaciares se vayan derritiendo y los niveles de los mares suban.

Océano Ártico

GROENLANDIA

Mar de Beaufort

ISLA AXEL HEIBERG

Bahía de Baffin

CANADÁ

Bahía de Hudson

15

LA CIUDAD MÁS FRÍA DE ESTADOS UNIDOS

En Estados Unidos, la distinción de "ciudad más fría" corresponde a Barrow, Alaska. En invierno, el promedio de la temperatura mínima es de -20°F (-29°C). En verano las cosas no mejoran mucho. La temperatura promedio durante el año entero es de solo 11°F (-12°C).

Esta ciudad, con una población de menos de 5,000 personas, también es la ciudad situada más al norte de Estados Unidos. Está tan al norte que entre finales de noviembre y finales de enero el sol no sale. Otra razón por la que hace tanto frío en Barrow es el viento que viene del Océano Ártico.

¡VERDADERAMENTE EXTREMO!

A Barrow solamente se puede llegar en avión o en barco.

La mitad de la población de Barrow está compuesta por nativos americanos. Sus antepasados han vivido en esta zona durante más de 1,000 años.

Barrow

ALASKA

UNA CIUDAD CONGELADA

Hay varias ciudades que se disputan el título de "la ciudad más fría del mundo". Para mucha gente, esa distinción corresponde a Yakutsk, Rusia. La temperatura más baja que se ha registrado en invierno es de -81.4°F (-63°C). La temperatura promedio en enero es de -34°F (-37°C). ¿Cuán frío es eso? ¡Mucha gente no sale con los lentes puestos porque se les podrían quedar pegados a la cara!

No obstante, más de 200,000 personas viven en Yakutsk. Visten con pieles para mantenerse abrigados, aunque rara vez pasan más de 20 minutos afuera en invierno.

¡VERDADERAMENTE EXTREMO!

A pesar del duro invierno de Yakutsk, ¡las temperatura pueden subir hasta los 90°F (32°C) en verano!

Cuando la gente maneja por Yakutsk en invierno, normalmente no apaga el motor de su auto, ¡porque teme que se quede congelado!

Yakutsk

EL GÉLIDO DENALI

El monte McKinley, también conocido como Denali, en Alaska, es considerada por muchos como la montaña más fría de la Tierra. En invierno, las temperaturas descienden por debajo de los -40°F (-40°C). Incluso, algunas personas han registrado temperaturas más bajas.

El Denali también es la **cumbre** más alta de Norteamérica, con 20,320 pies (6,194 m) de altura. Por esa razón, muchos montañeros desean escalar su cumbre. Alrededor de 1,200 personas lo intentan cada año. Los fuertes vientos y la nieve cegadora a menudo obligan a los montañeros a parar y montar sus tiendas por el camino. Desafortunadamente, más de 100 personas han muerto intentando escalar el Denali.

¡VERDADERAMENTE EXTREMO!

El Denali es una de las Siete Hermanas. Ese es el nombre por el que se le conoce al grupo de montañas que incluye la montaña más alta de cada uno de los siete continentes.

Denali es una palabra de los nativos tanana que significa "la alta".

LA NEVERA DE LA NACIÓN

Algunas personas se sienten orgullosas de vivir en lugares extremadamente fríos. Dos ciudades de Estados Unidos, International Falls, Minnesota, y Fraser, Colorado, fueron a la corte para determinar a cuál de las dos le correspondía ser conocida como la "Nevera de la Nación", o sea la ciudad más fría. Eso significaba que era la ciudad más fría de Estados Unidos **continental**. Ganó International Falls.

International Falls tiene una temperatura promedio anual de 37.8°F (3.2°C). La ciudad celebra su clima frío con un **festival** de cuatro días llamado "Días de Nevera". La gente juega al boliche con pavos congelados, hace figuras de nieve y esquía a la luz de las velas. Viva donde viva, la gente trata de ajustarse a las condiciones y sacarle el mayor provecho.

¿QUIÉN TIENE EL CLIMA MÁS FRÍO? TEMPERATURAS MÁS BAJAS

- **International Falls, Minnesota: –55°F (–48°C)**

- **Barrow, Alaska: –56°F (–49°C)**

- **Isla Axel Heiberg: –68.4°F (–55.8°C)**

- **Denali: –75.5°F (–59.7°C)**

- **Yakutsk, Russia: –81.4°F (–63°C)**

- **Antártida: –135.8°F (–93.2°C)**

WELCOME TO INTERNATIONAL FALLS

HIGHWAY 11 EAST SCENIC DRIVE, CAMPGROUNDS
ACCESSES, WATER RECREATION

RAINY RIVER ACCESSES HWY. 11 WEST
SHOREWOOD DR. FRONTIER. GRAND MOUND
STATE PARK. BIGFORK REEDY FLATS
BIRCHDALE SCENIC DRIVE

FLY-IN FISHING SIGHT SEEING. INT'L
SEA PLANE BASE HWY.11 EAST
YEARROUND AND LAKE CRUISES

CANOE TRIPS ON BIGFORK AND
LITTLEFORK RIVERS

SCENIC FALLS AND LOGGING
DISPLAY SO. HWY.71 BIG FALLS

BORDER CROSSING to CANADA

FALLS INTERNATIONAL AIRPORT

WILDLIFE MUSEUM

HISTORICAL MUSEUM

GOLF COURSE COUNTRY CLUB

BOISE CASCADE MILL TOUR
MON-FRI   JUNE1-AUG 31 9:00/10:00AM 12:30,2:30PM

KERRY PLAYGROUND 6TH AV & 11TH ST

VOYAGEURS NATIONAL PARK

International Falls, Minnesota

21

GLOSARIO

cambio climático: cambio a largo plazo en el clima de la Tierra, causado parcialmente por actividades humanas, como quemar petróleo y gas natural

congelamiento: una condición en la que una parte del cuerpo (por ejemplo, los dedos de las manos o de los pies) se congela o casi se congela

continental: que forma parte de los 48 estados de Estados Unidos, excluyendo a Alaska y Hawai

cumbre: la parte más alta de una montaña

datos: hechos y cifras

festival: celebración

hipotermia: temperaturas corporales peligrosamente bajas causadas por el frío

investigación: el hecho de estudiar para descubrir algo nuevo

promedio: un número que se obtiene al sumar números y luego dividir la suma por el número de números

registrar: medir algo o tomar nota de algo de forma oficial

satélite: un objeto que da vueltas a la Tierra para recoger y transmitir información o para ayudar con la comunicación

sobrevivir: seguir viviendo después de un suceso determinado

PARA MÁS INFORMACIÓN

LIBROS

Besel, Jennifer M. *The Coldest Places on Earth*. Mankato, MN: Capstone Press, 2010.

Friedman, Mel. *Antarctica*. New York, NY: Children's Press, 2009.

Mack, Lorrie. *Arctic*. New York, NY: DK, 2007.

DIRECCIONES WEB

Los lugares más fríos de la Tierra
www.livescience.com/29913-coldest-places-on-earth.html
Lee más acerca de los lugares de este libro y otros sitios gélidos.

Las corrientes de los océanos y el clima
education.nationalgeographic.com/education/media/ocean-currents-and-climate/?ar_a=1
Mira un video acerca de las corrientes de los océanos y sus efectos sobre la Tierra.

ÍNDICE

Antártida 5, 8, 9, 10, 11, 12, 21

Ártico 12

Barrow, Alaska 14, 15, 21

congelamiento 10

corrientes de los océanos 6

Denali 18, 19, 21

ecuador 6, 7

Estación de Investigación del Ártico McGill 12

Estación McMurdo 11

Estación de Vostok 8

estaciones de investigación 8, 10, 12

Fraser, Colorado 20

glaciares 12, 13

hipotermia 10

International Falls, Minnesota 20, 21

Isla Axel Heiberg 12, 13, 21

Nevera de la Nación 20

Océano Ártico 14

polos 6, 7

sol 6, 14

Yakutsk, Rusia 16, 17, 21